HAIKUS YÁMANAS

NUEVO DICCIONARIO YÁMANA
POÉTICO E ILUSTRADO
PARA ADIVINAR Y COLOREAR

Luis Cruz-Villalobos
Haikus

Dominique Rivera
Ilustraciones

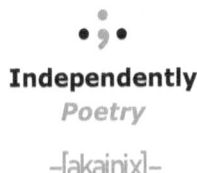

Independently
Poetry

-[akainix]-

Haikus Yámanas. Nuevo diccionario poético e ilustrado para adivinar y colorear
© Luis Cruz-Villalobos (haikus), 2014
© Dominique Rivera (ilustraciones), 2017

© Idenpendently, 2020
Poetry Section | Akainix Collection
Santiago de Chile

Los haikus de esta obra forman parte de la obra compilatoria: *Poemas del 12 al 14*
© Luis Cruz-Villalobos (2015). Registro de Propiedad Intelectual N° 250.199

Todas las ilustraciones pertenecen a: Dominique Rivera

Diccionario yámana empleado para esta obra: Vogel, O. & Zárraga, C. (2010)
Yágankuta. Pequeño Diccionario Yagan. Santiago de Chile: Patrimonio Cultural

ISBN: 9798663009713

Libro impreso en los Estados Unidos de América

dedicado con nostalgia y respeto
al pueblo Yámana

en memoria de Martín Gusinde

con gran amor
a un estudioso de lo humano
que vi nacer

a Watauinéiwa
que se disfraza de arco iris

LCV

HAIKUS YÁMANAS

HAIKUS

Antiguo estilo poético japonés, compuesto normalmente por tres versos de 5-7-5 sílabas cada uno, sin rima, que hacen alusión a la naturaleza y a los ciclos de las estaciones, junto con temas trascendentes, logrando configurar una escena natural y sencilla, que al mismo tiempo transmite belleza y profundidad. Normalmente iban acompañados de dibujos o pinturas.

YÁMANAS

Los yámanas fueron el pueblo más austral del mundo, que vivieron en el extremo sur de Chile continental. Cazadores-recolectores marítimos, que pasaban gran parte de su vida arriba de sus canoas de corteza de árboles o en pequeños y precarios campamentos de chozas de pieles y armazón de palos a orillas del mar. Se ha destacado su gran riqueza idiomática, religiosa y ética.

Akáinix

Los colores

De la vida alzas como puente

Entre el mar y la montaña

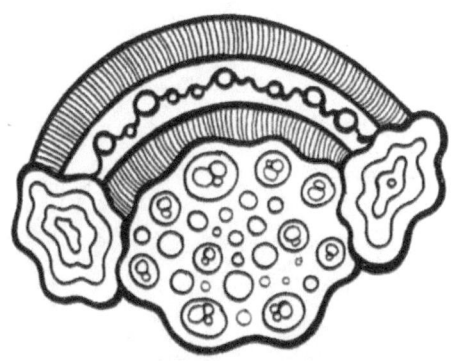

Akálli

Cielo pardo
Que llevamos para ocultarnos
Del feroz frío nocturno

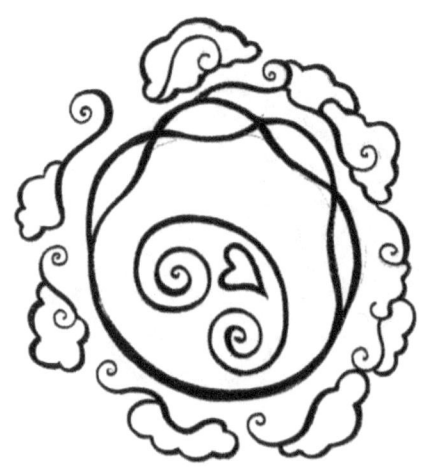

Akámaka

Ojo de cielo

Dulzor verde esmeralda

Que nos acoge

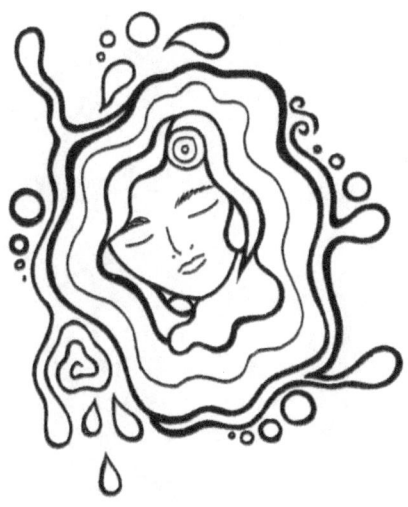

Ákař

Este es nuestro espacio

Más permanente y seco

Que el mar

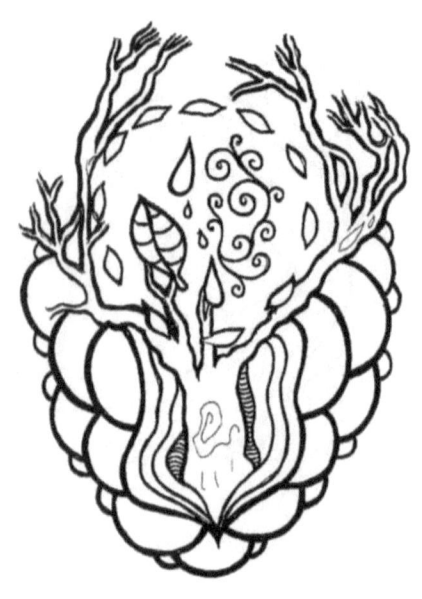

Amáim

Hay trozos de sol

Y trozos de lluvia y luna

Que se nos dan

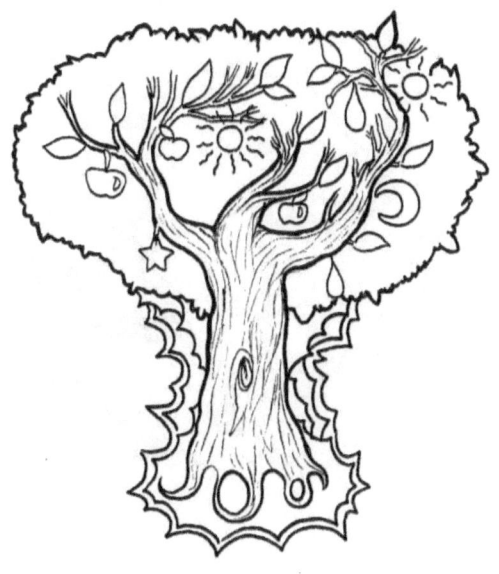

Ánan

Sobre las aguas

Por canales y mares inmensos

Nos dejas caminar

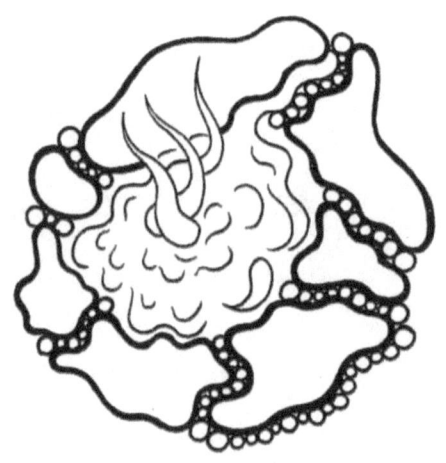

Apáuš

Como aves submarinas

Van y vienen bajo las canoas

Para tornarse nuestro pan

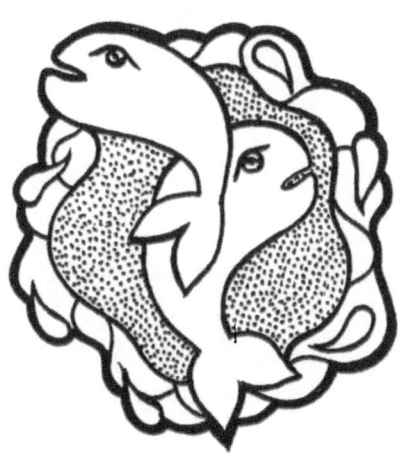

Appárnix

El fuego

También sabe brillar diminuto

Allá muy en lo alto

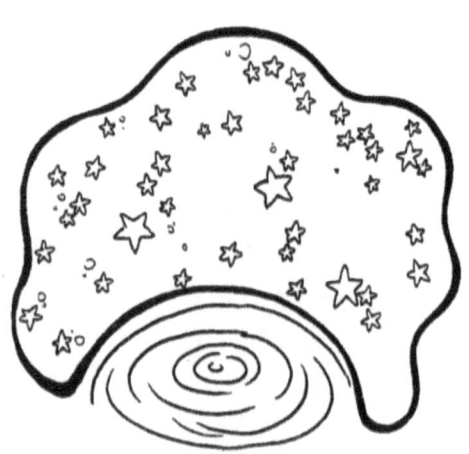

Áppi

Te clavas

En el vientre gris del agua

Y nos impulsas

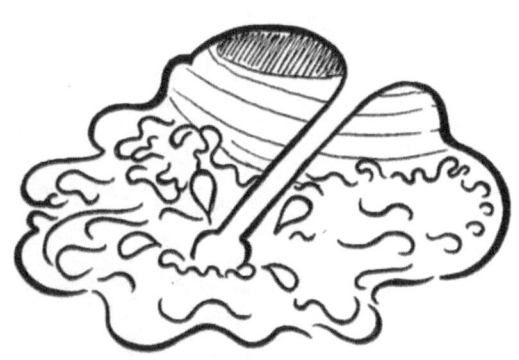

Aralampiá

Pradera y árboles

Que besan los ojos sedientos

De primavera

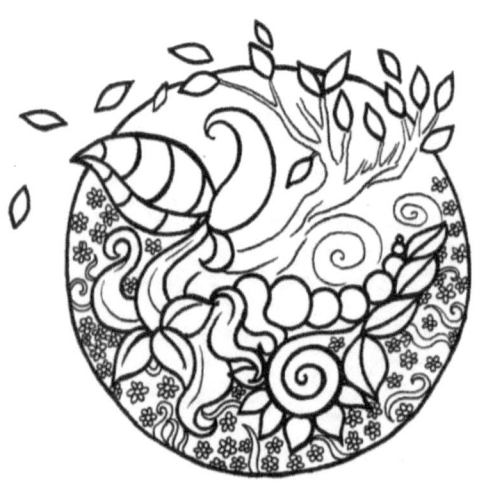

Ašáka

Como culebra
De agua y murmullo
Nos llevas al mar

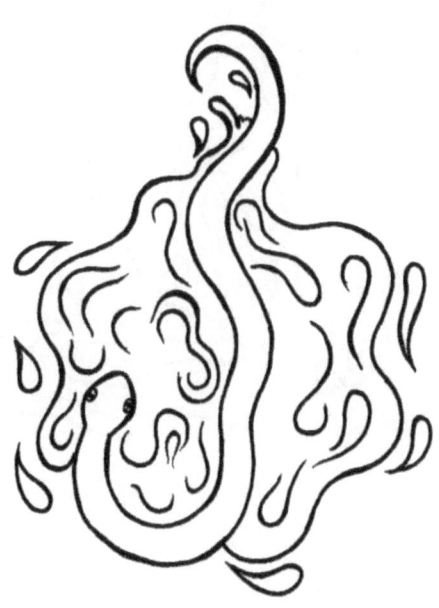

Ásu

Tímida
El agua infinita
Se aleja

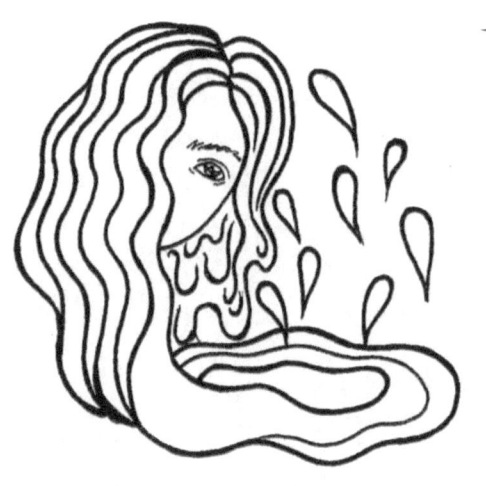

Ašúnna

Familia silvestre
Que cobija de la lluvia y el sol
Escondiendo misterios

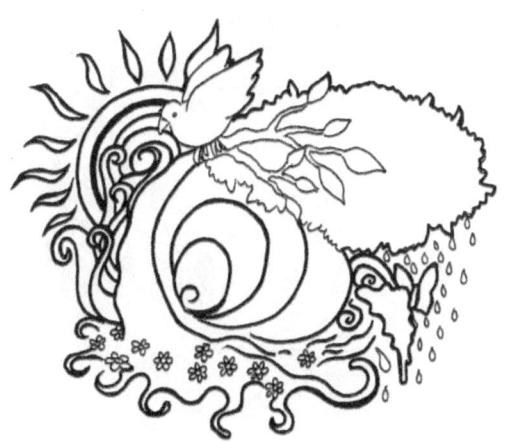

Axkíla

Sobre la pradera
Y sobre los breves charcos
Se posa sin voz

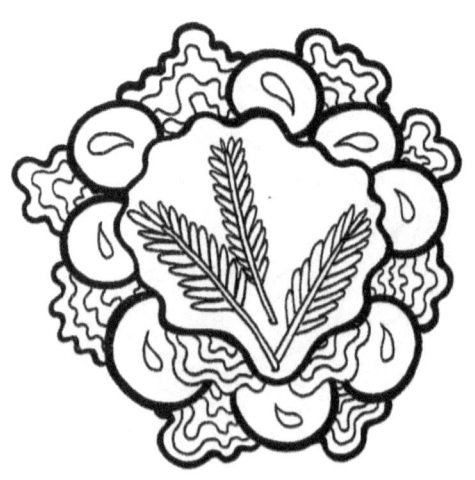

Čiáxaus

Llega el día
Donde la niñez se va
Y el hombre nace

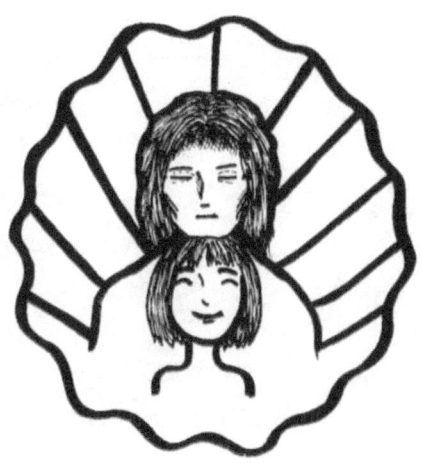

Číli

Monte frío

De agua que nos alza

Y nos deja caer

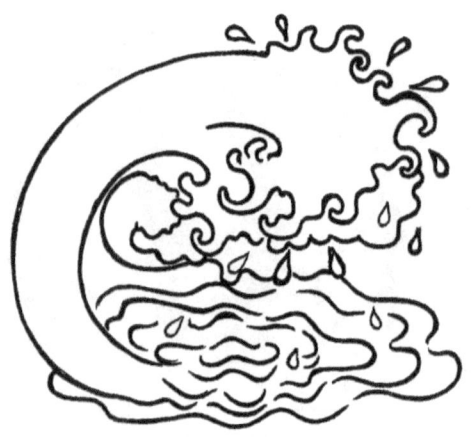

Čilóea

Con su cola

Espesa como follaje rojizo

Saluda raudo y se va

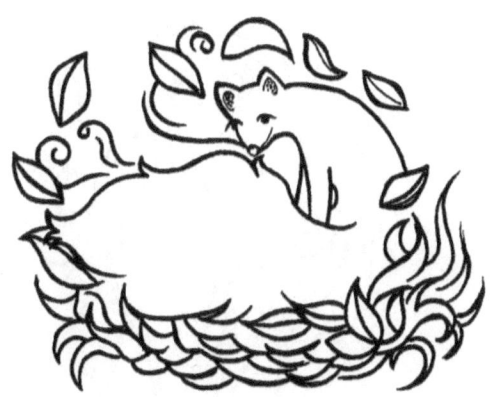

Háani

Galope cálido
Que trae las aguas del cielo
Y otro rumor

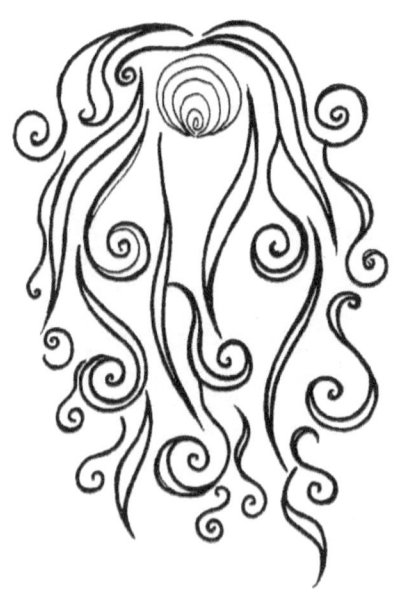

Hainóla

Desde la canoa

Vemos la feroz presencia veloz

Que reina en las aguas

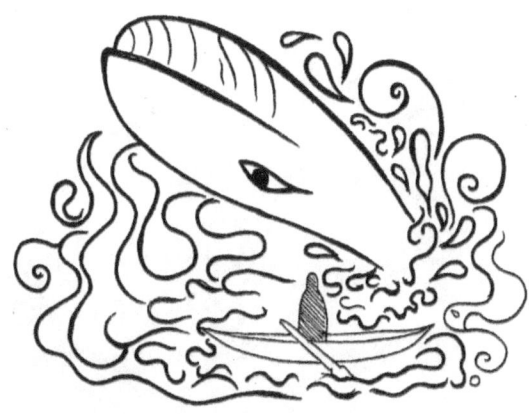

Hanislúš

El viento

Que nace de las islas

Deshoja la tarde

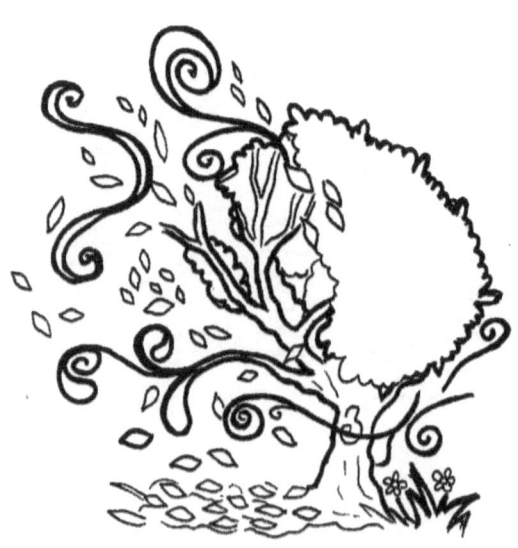

Hannúxa

Ojo amigo

Que a veces se cierra

Pero nos guía

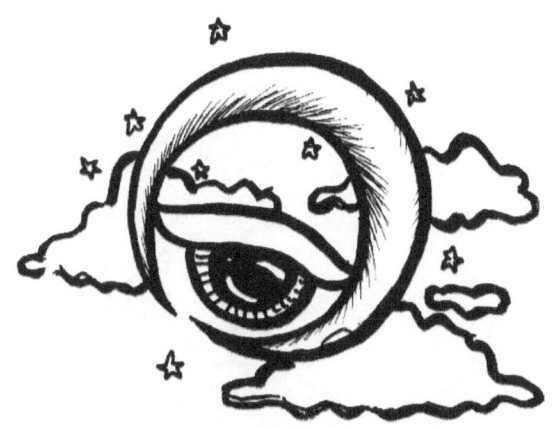

Hax

Piedra viva y blanca

Que palpita y de pronto

Se echa a volar

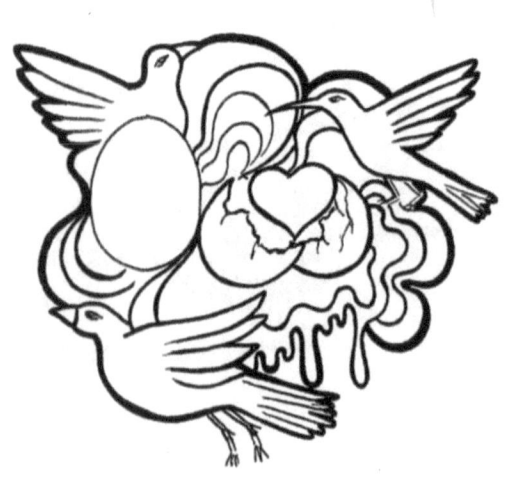

Háyaf

Trozo de luna

Corteza de estrellas lejanas

Que se apagaron

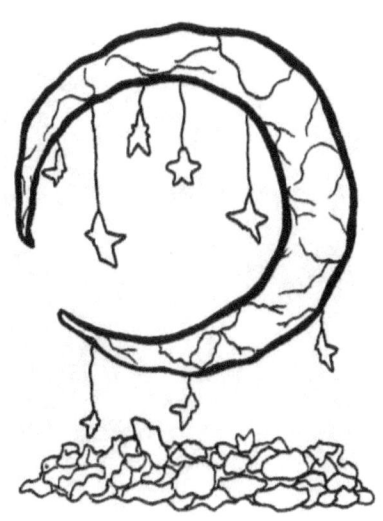

Hif

Invisible y leve

Nos besas la boca y el pecho

Y nos das el vivir

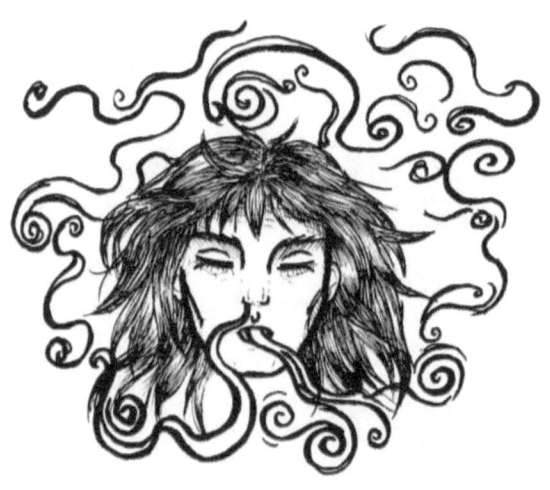

Híxa

Vientre materno
Feroz humedad que nos alimenta
Y nos mece cada día

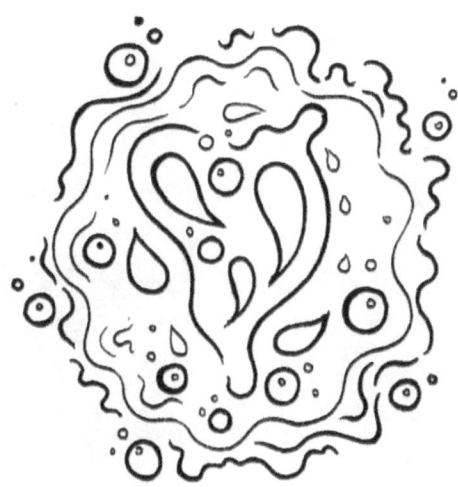

Hóxka

Van deambulando
Por las celestes alturas y llevan
Sueños que caen

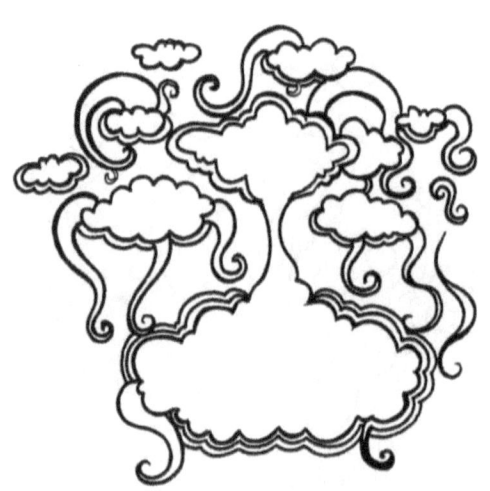

Húša

Despeinas al pasar
Los árboles y las cabelleras
Y también el silencio

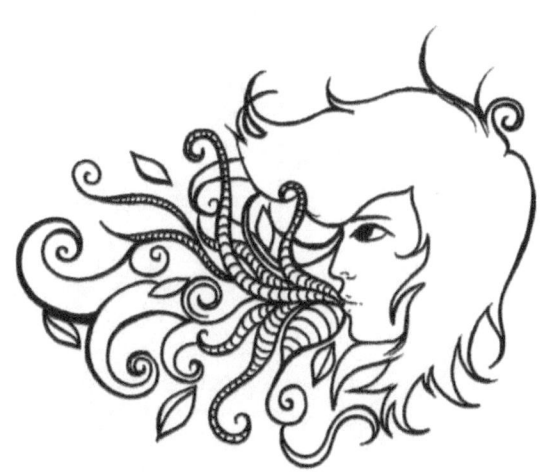

Ílan

Como aliento

Del mismo ventisquero

Sopla y congela

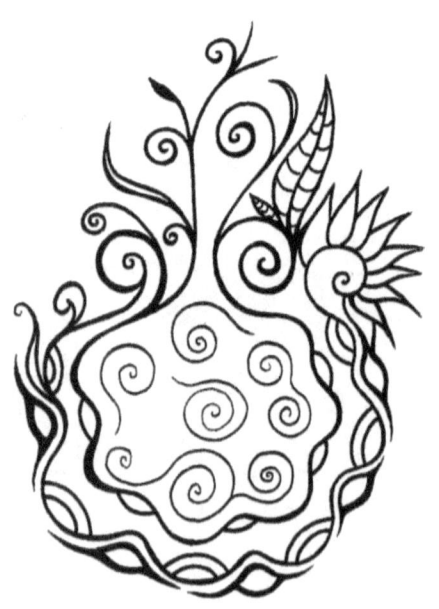

Ína

Todo blanco

Frío y agudamente tempestuoso

Pues el sol da la espalda

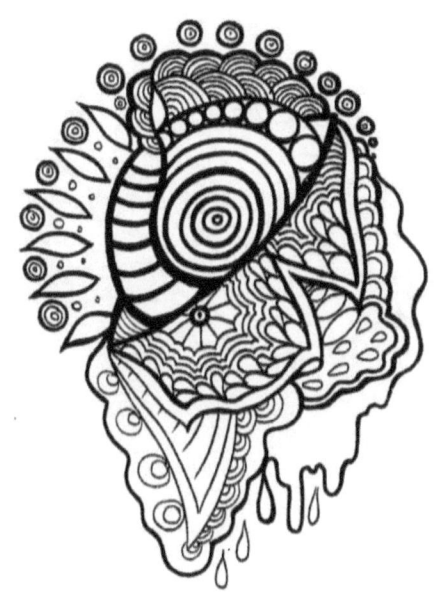

Inalumhúša

Desde las aguas
Tal vez desde su abismo
Llega y remonta

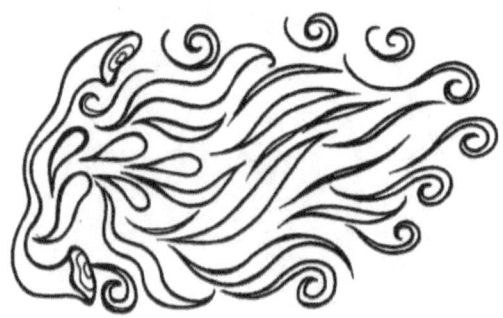

Ítař

De las pampas

Lejanías yertas y violentas

Viene volando

Kaióla

Pequeño
Aprendes a andar y cantar
Como un ave

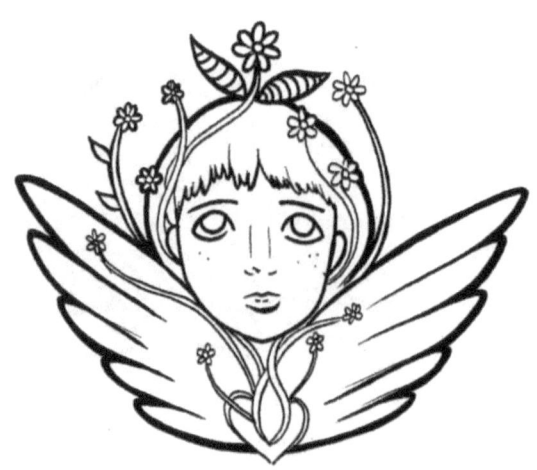

Kašpíx

Quien eres

Revolotea en el centro

Y permanece

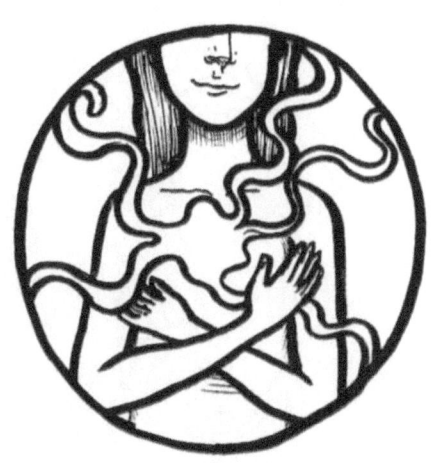

Káuya

Donde nos lleves

Allí estaremos y seguiremos

Hasta que partas

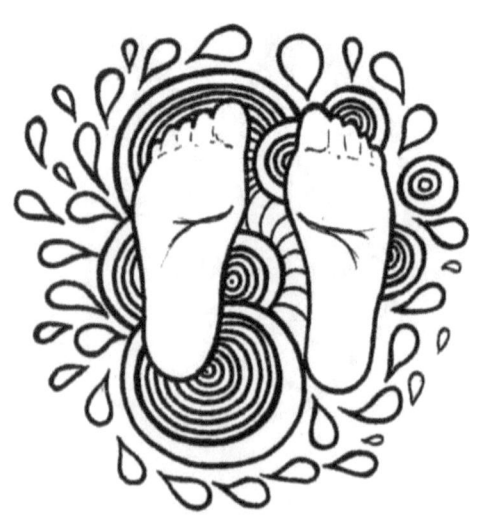

Kayápaš

Aquí palpita

Como un gran tordo rojo

La vida

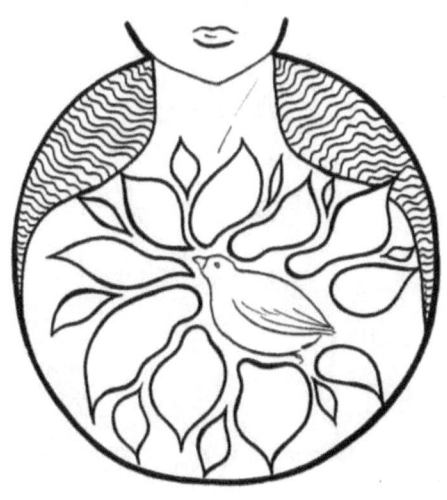

Kípa

Hermosa y dúctil
Tierra plena que acoge semillas
Y las deja nacer y crecer

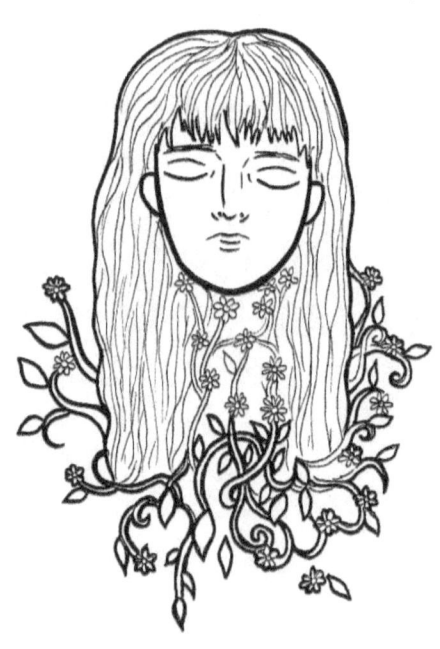

Kísi

El sol abre

Sus ojos más profundos

Y mira la tierra

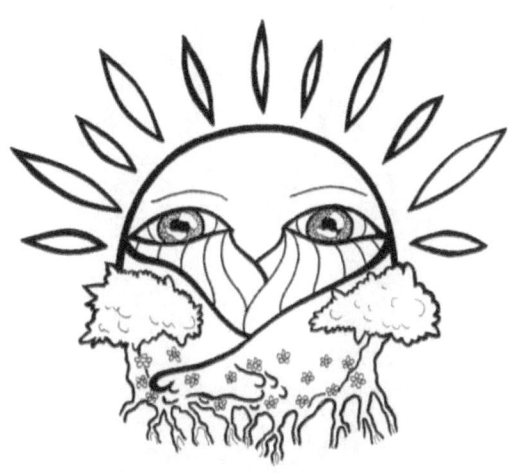

Kiuáku

Pasa volando
Con su traje blanco y negro
Como remo en aire

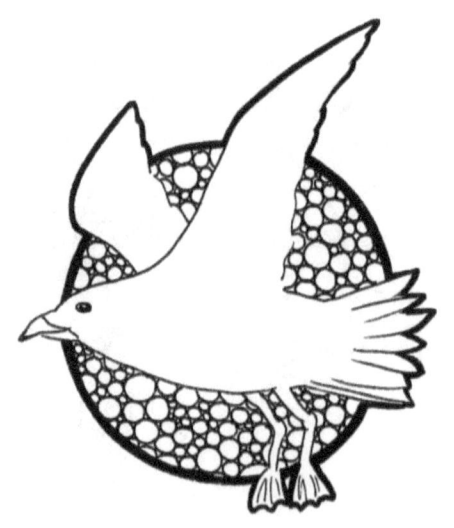

Kulúana

Ella cantaba
A mi madre la canción que yo
Cantaré a mi hija

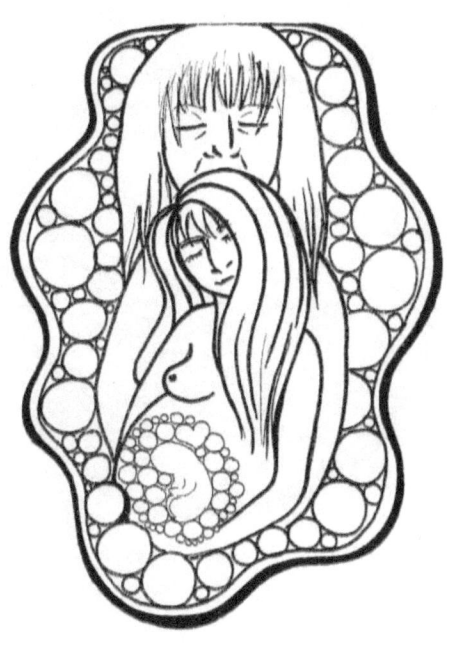

Kurlampiá

El cielo

Después de las lluvias

Abierto de amor

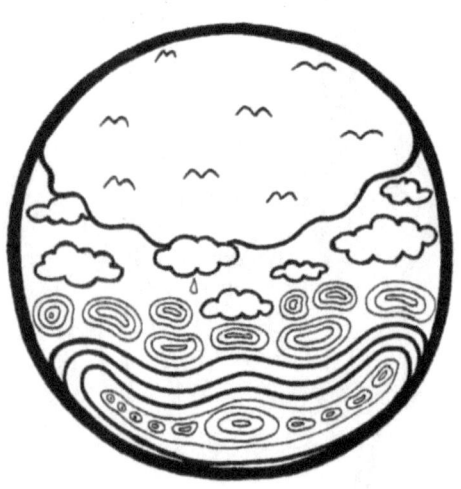

Lákax

Se apaga veloz

El inmenso arrebol y se abre

La honda penumbra

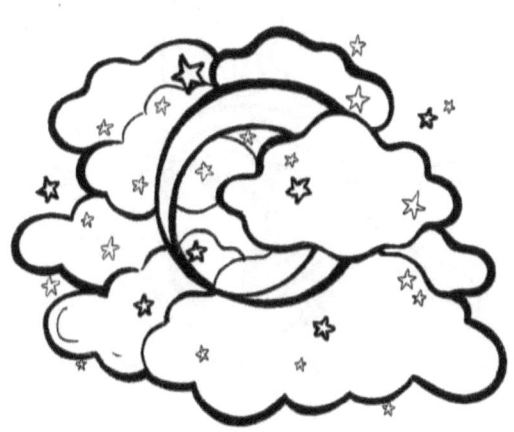

Lăm

Eres el corazón

Ardiente y luminoso

De la vida

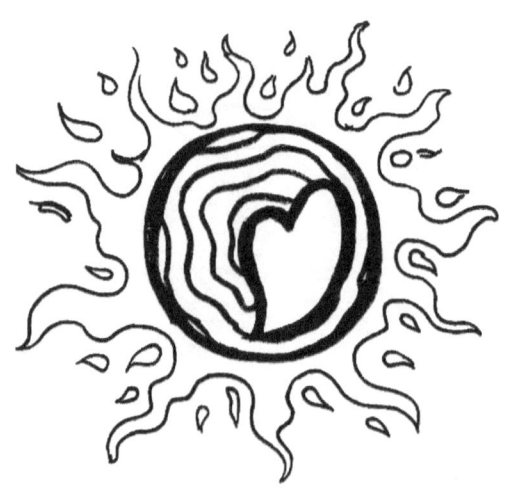

Lammána

Aquí llevamos

Las palabras de los tiempos

Y el canto familiar

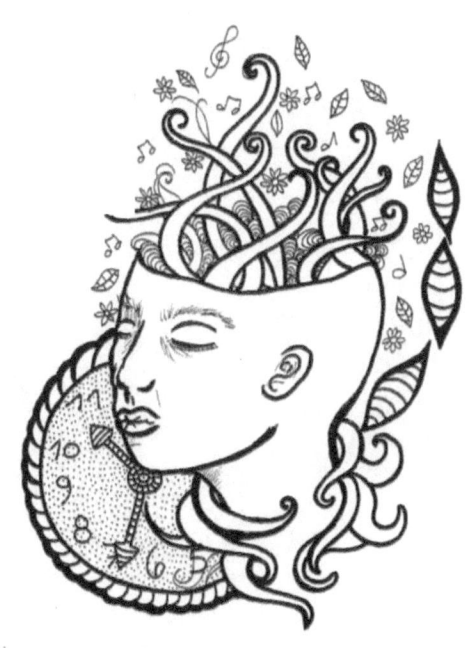

Lampiá

Rostro profundo
De la noche y del mar
Sin estrellas

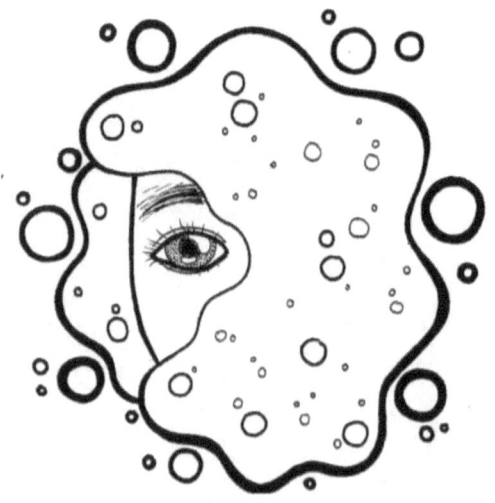

Lăn

Como cuchillo

O como dulce miel bailas

Y te ocultas

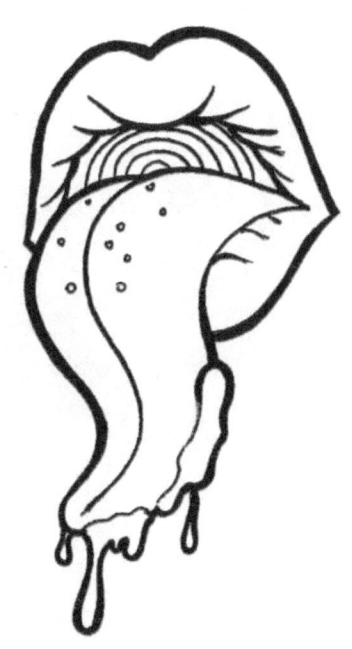

Lapatak

Restos de vida

Que se tornan luminiscencia

Y nos abrigan

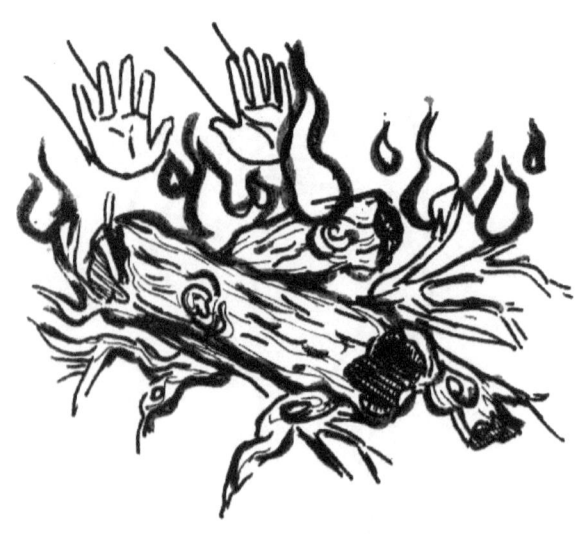

Lásix

Delicada belleza

Sobre los pantanos saltas

Y besas la niebla

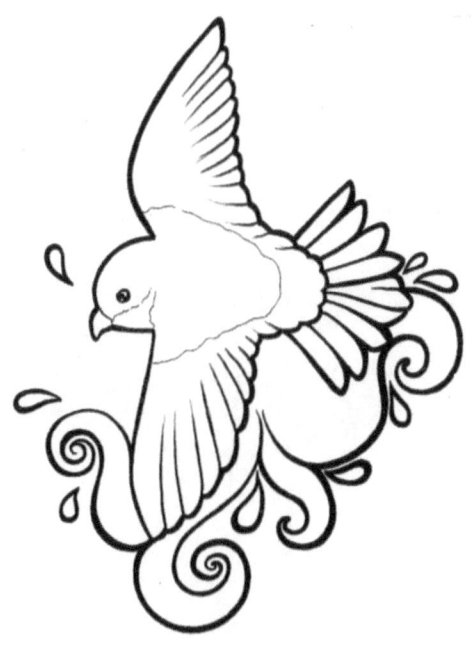

Líuš

Tú te alzas

Como los sencillos brazos

Que sostienen el cielo

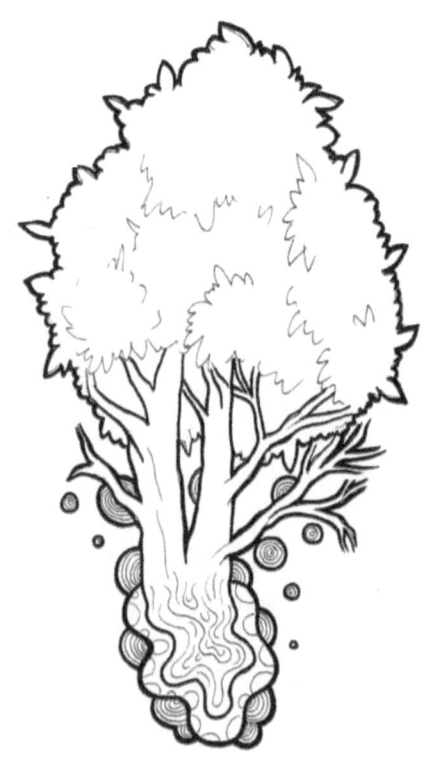

Lušá

Como los arreboles

O la herida que canta dolor

Nos visitas

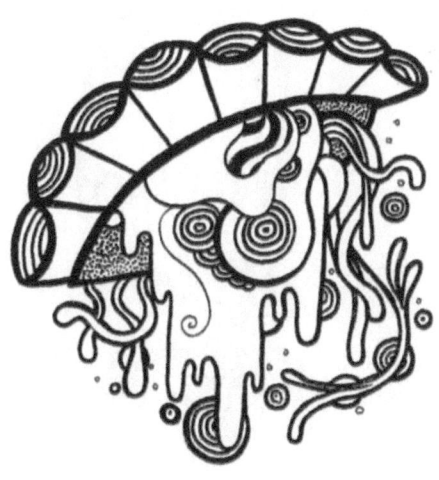

Máku

Mi pequeño
Lobo obstinado que busca
También su pez

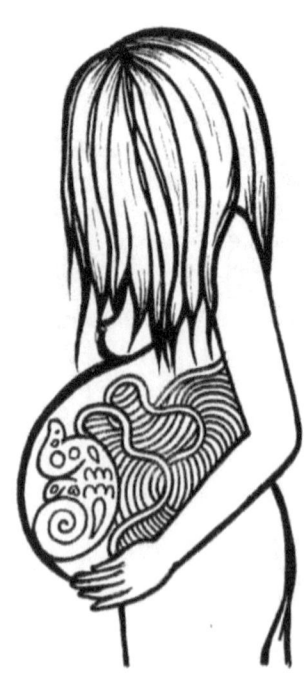

Mákus

Como carne

De mi propia carne que llegó

En otro tiempo

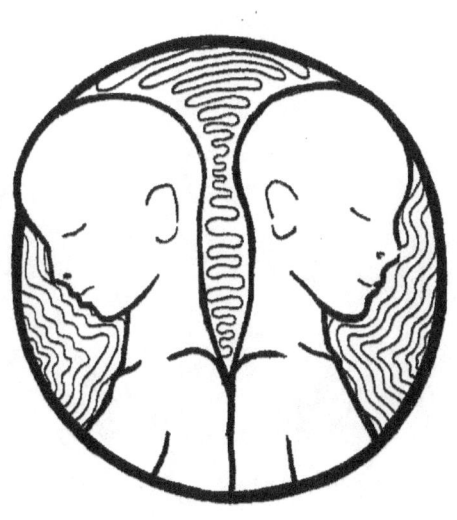

Mákuskípa

Flor gemela

Que ha crecido con otro nombre

En el mismo prado

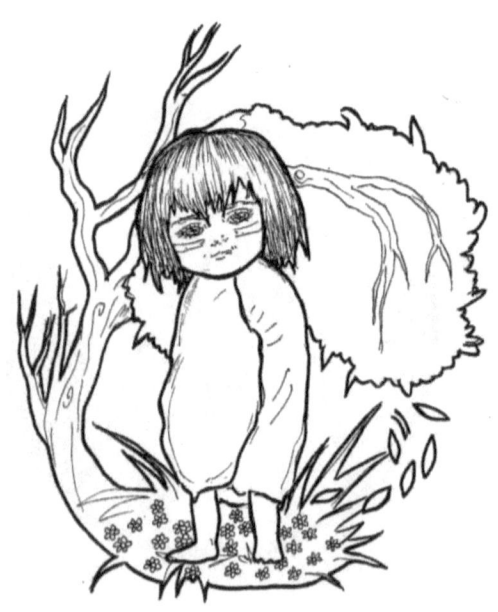

Máli

Atadas al corazón

De la palpitante madre parda

Buscas el agua

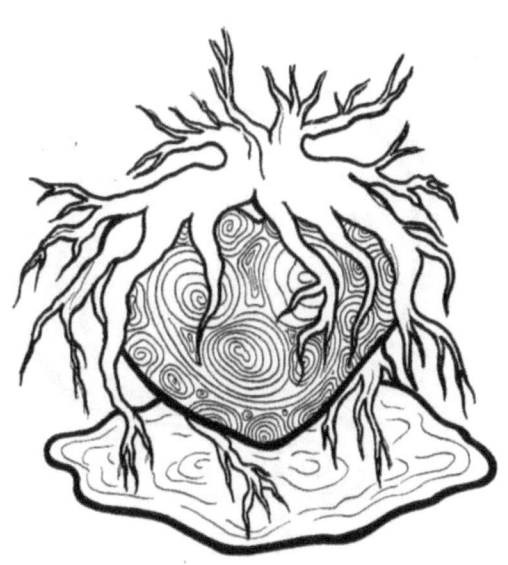

Máxima

Mi pequeña

Golondrina libre y sencilla

Que aprende a nadar

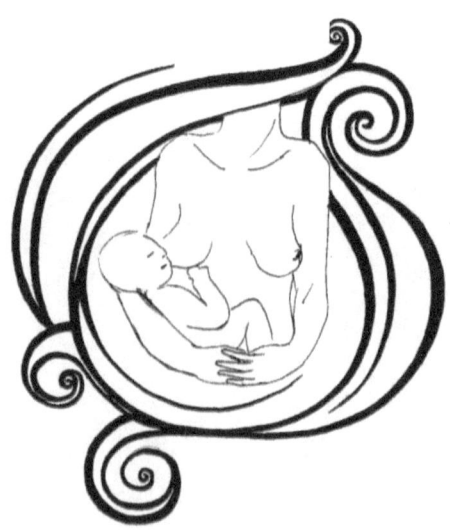

Móala

De la oscuridad

Despierta amable y cálido

Nuestro nuevo andar

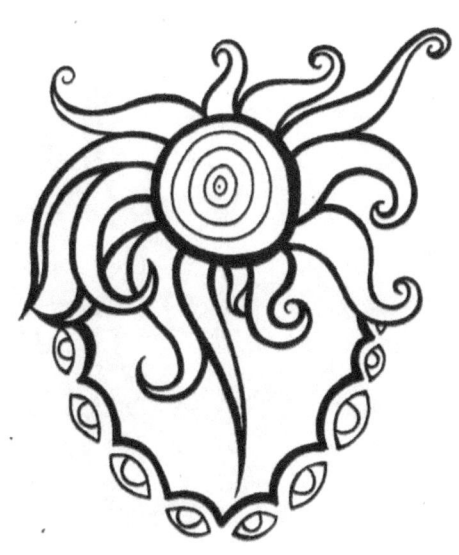

Pálaxa

Lágrimas buenas

De Watauinéiwa que clama

Por nuevas simientes

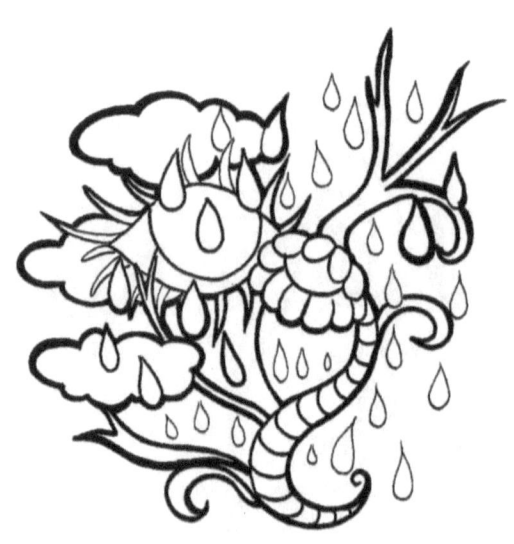

Pánaxa

El manto blanco
Que cae de lo alto y cubre
A veces la vida

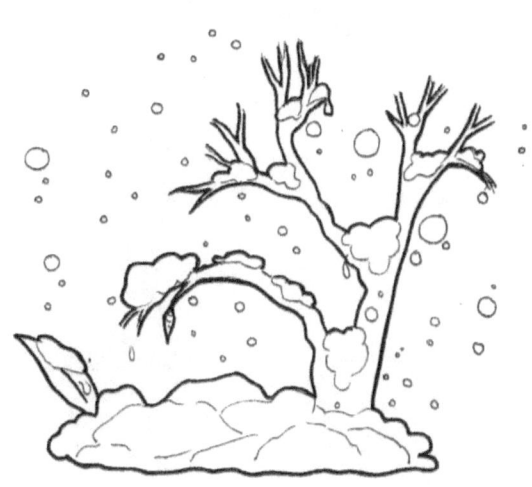

Péakan

Borde de las aguas
Borde de las tierras que se juntan
Como regazo que acoge

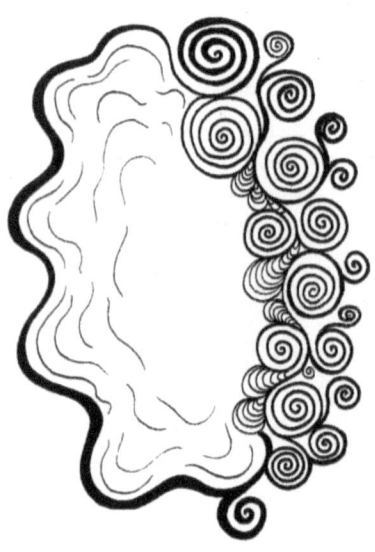

Pušáki

Don del bosque
Vida muerta que se da
Para el calor

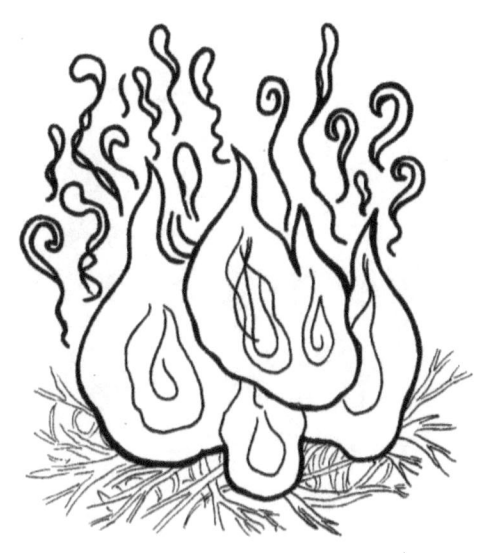

Putrúr

Besos tenues

Del sol que nos busca y encuentra

Sólo en tiempos pequeños

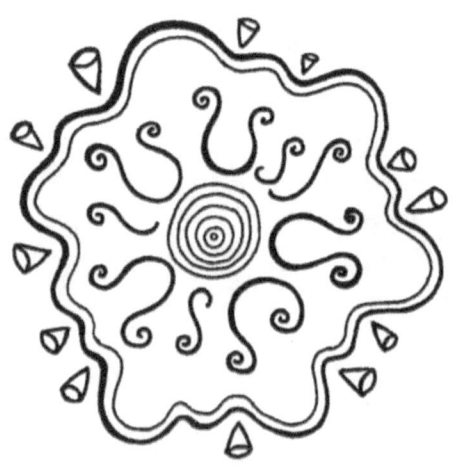

Sáapa

Savia honda

Que nos recorre y nos mueve

Y sabe también bailar

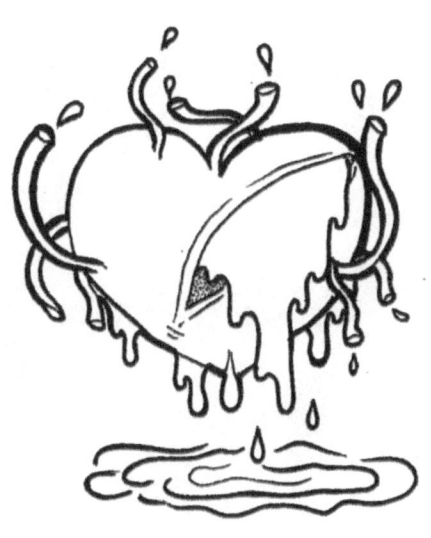

Sauyánux

Cantan y saludan

Compañeros de nuestro frío viaje

Sobre aguas profundas

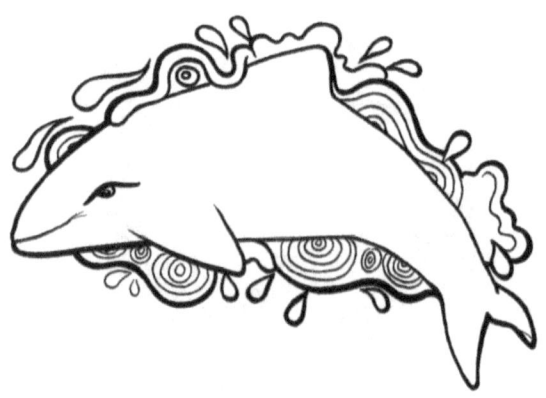

Séskin

El fuego
Hecho de oscura agua
Nos habita

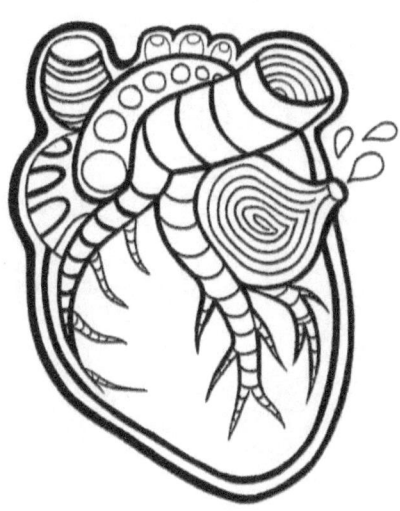

Síma

Vientre nuestro

Que sostiene nuestro paso

Por esta vida

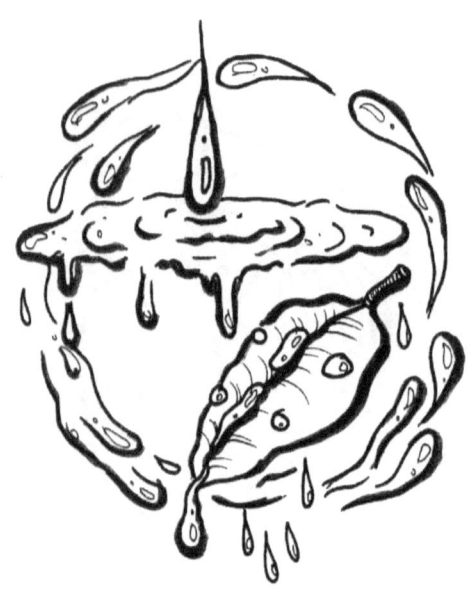

Tálla

Se abren
Y el mundo despierta vivo
Habitado de colores

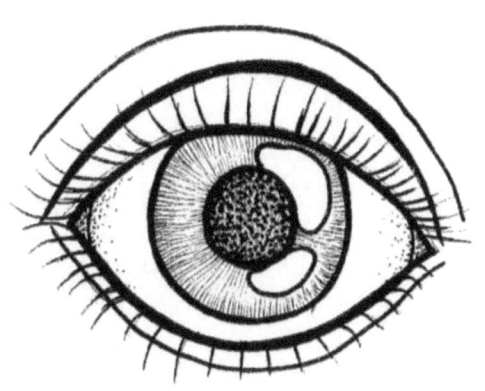

Tapéa

Eres la que me dio
El abrazo primero y vital
Antes del escampe

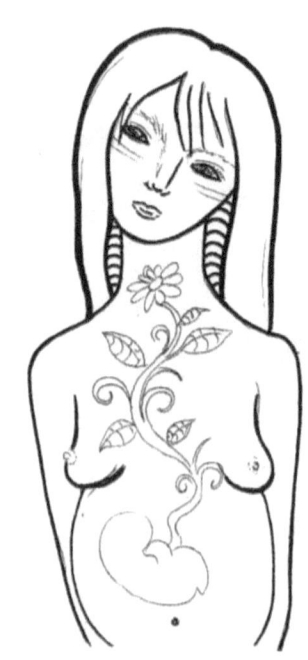

Tapóin

Te veo cazar

Y avivar el fuego tibio

Para zarpar lejos

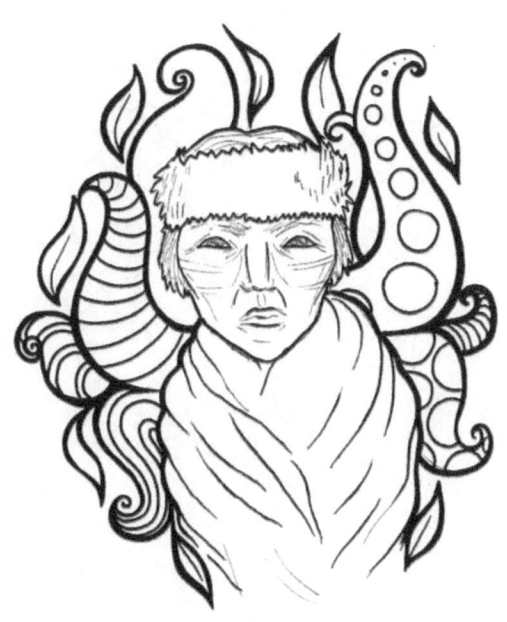

Táři

Vivimos en él

En él nos movemos y amamos

Y también morimos

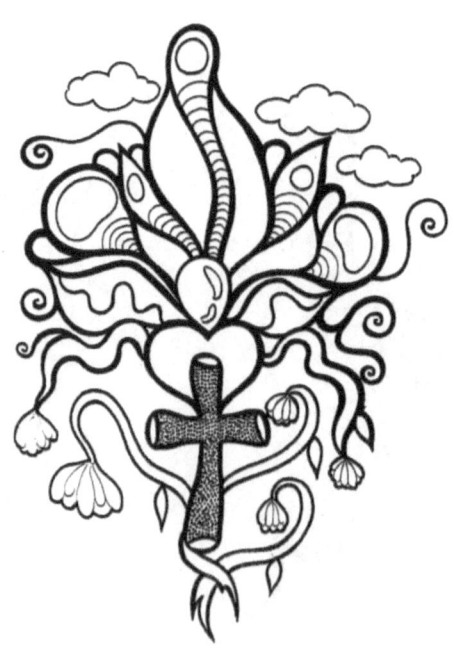

Tátapux

Sombra voladora

Resplandor alegre del canto

Que asoma en bandada

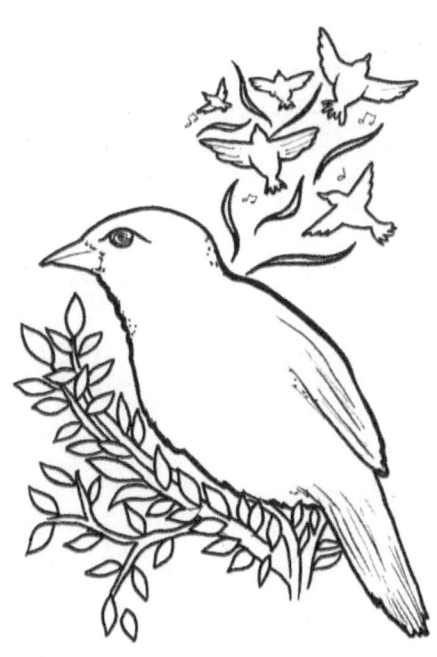

Táun

Muro blanco

Más eterno que los ancestros

Me cantas silencioso

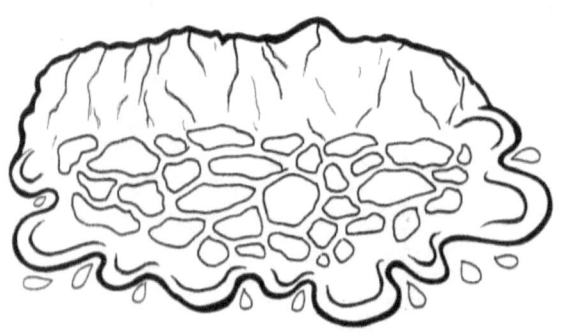

Téeš

Piedras claras

Que no podemos lanzar

Del cielo nos llegan

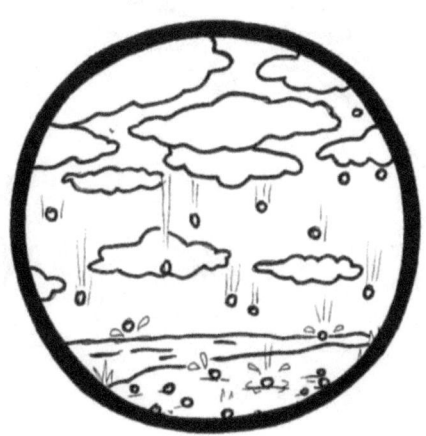

Tulára

Se alza

Como intento de la tierra

De besar las nubes

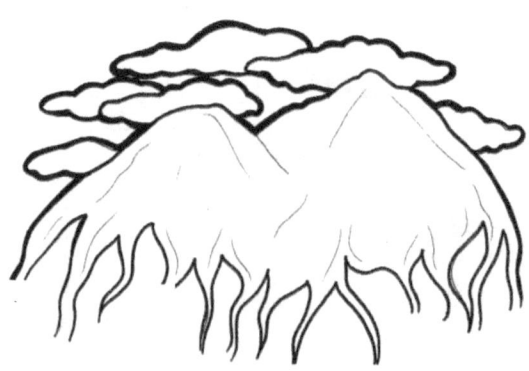

Tumakáean

Ellos nos cuentan

Sobre el origen y el término

Y se van

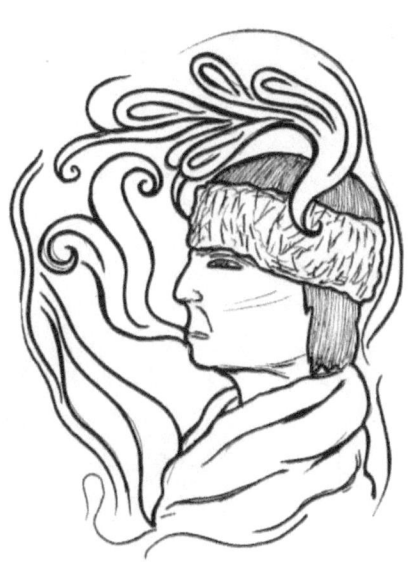

Tumakáxipa

Ellas encausan

El río de la vida y el tronco

Con su savia

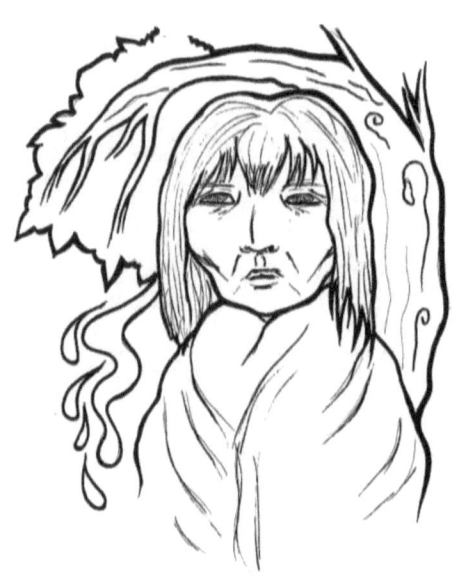

Tumalaxtáka

Sol diminuto

Que acompaña nuestros viajes

Y crea el hogar

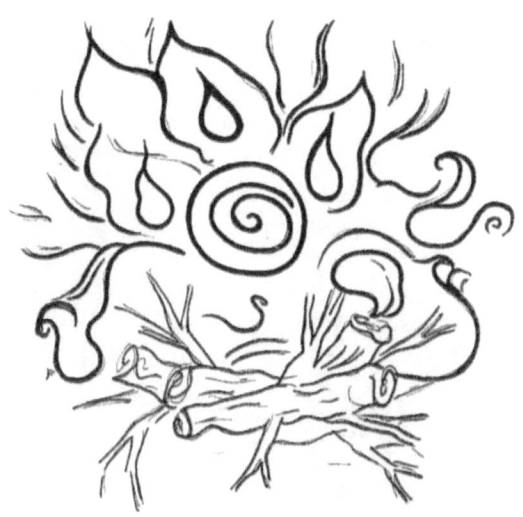

Úa

Cabeza y fuerza
Delante llevas siempre tu lanza
Y pidiendo dulce calor

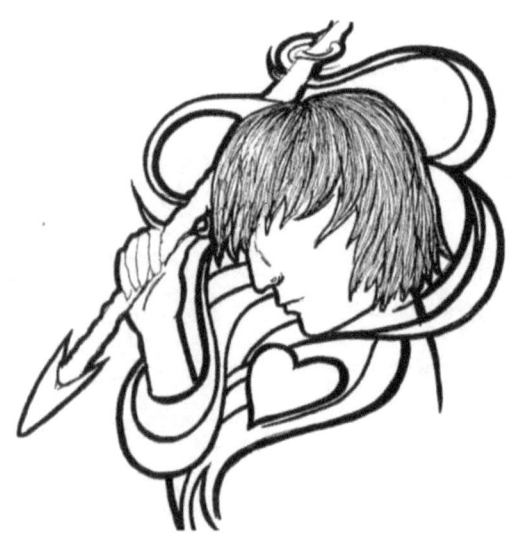

Uftúku

En la playa

Quedan posados en silencio

Restos de los escampes

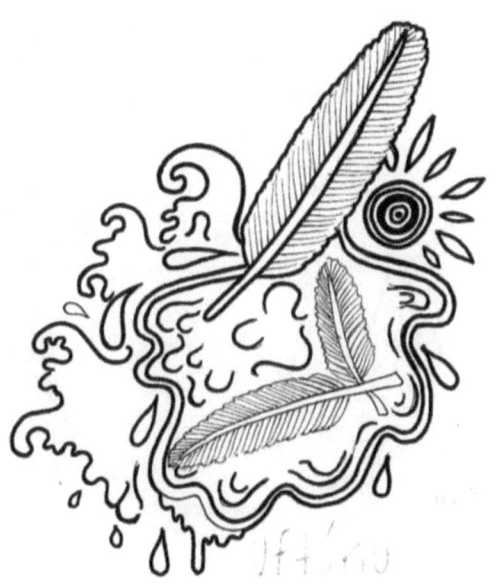

Úsi

Aquí nacimos

Aquí brotamos como árboles

Y aquí dormiremos

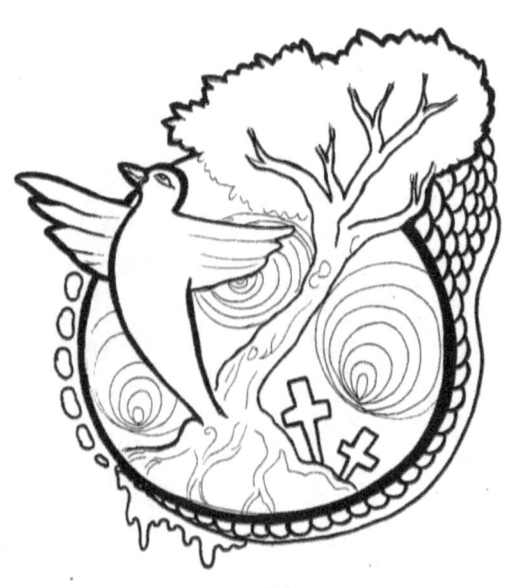

Úšku

Como sueño

Que todo lo cubre de gris

Se expande y abraza

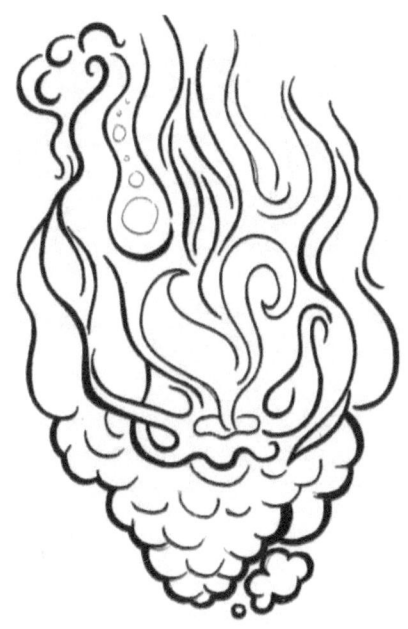

Ušúan

Cuántas historias

De tiempos remotos viven allí

En tu blanca cabeza

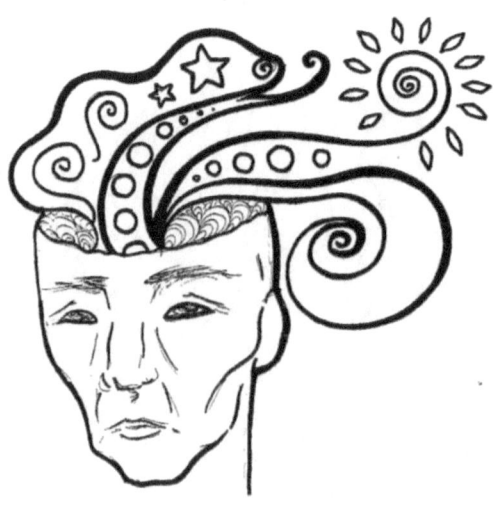

Wáea

Por ti bajamos

Veloces en nuestras canoas

Silbando de alegría

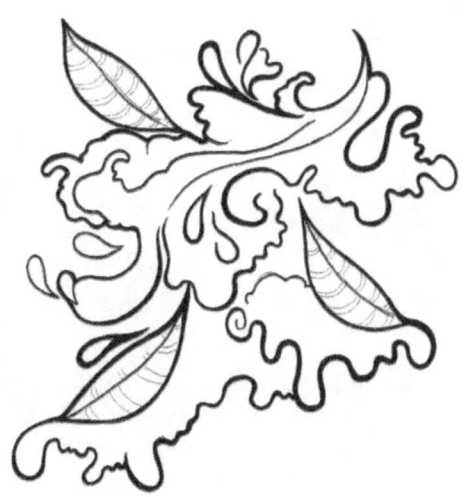

Wankára

Revolotean o caminan

Diminutos y hermosos como estrellas

Acompañando todo viaje

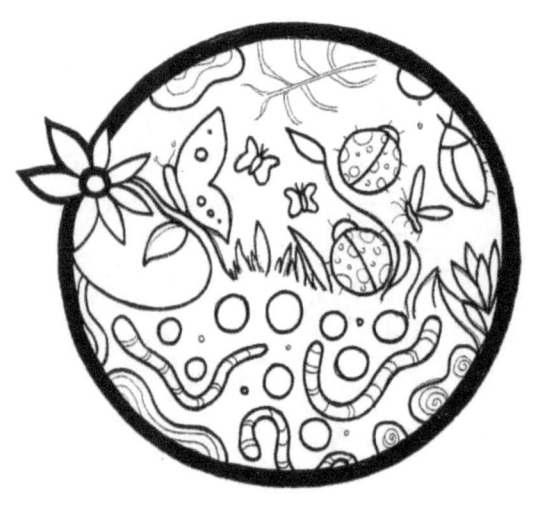

Wápisa

El mar nos trae

El blanco alimento agonizante

Inmenso y majestuoso

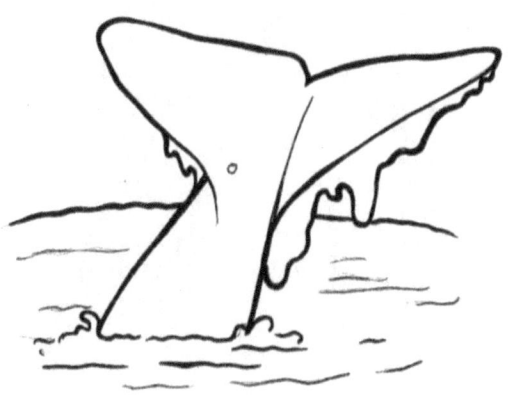

Watauinéiwa

Nuestro padre
Del cielo que nos abraza
Como arco iris

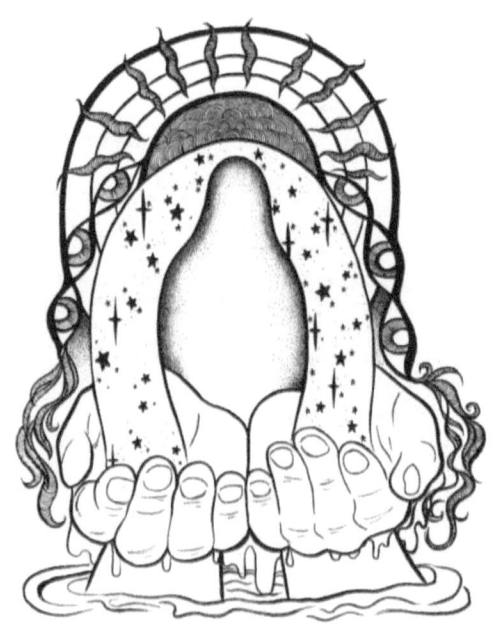

Wóruš

Desde la tierra

Saltas detenidamente y vivo

Hacia el cielo abierto

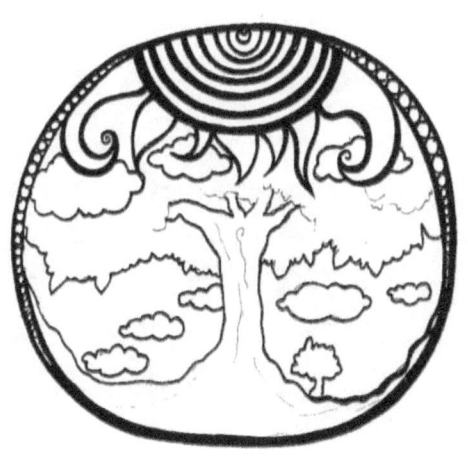

Yá

Aquí habita

La historia de los antiguos

Y el dulce reír

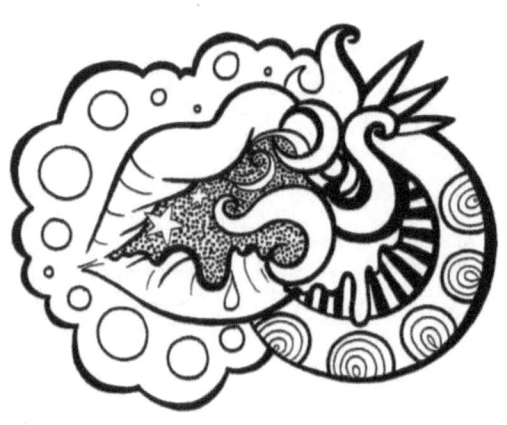

Yakuá

Nieve y granizo

Manto que cubre la tierra

Como clara y limpia luz

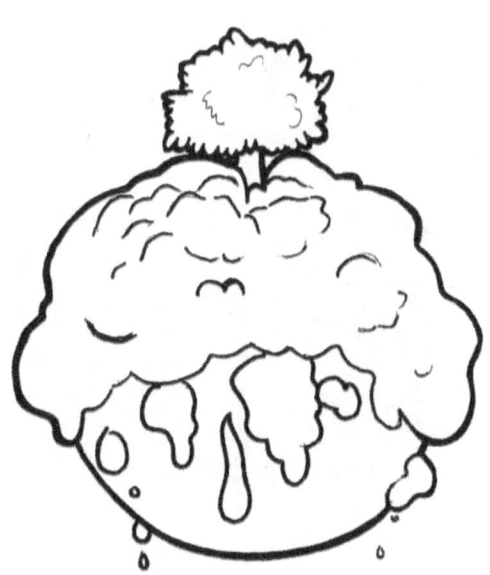

Yámana

Estamos aquí

Respirando hasta morir

Iguales

Yamostália

Las flores vuelan

Torpes y tiernas como las almas

De los que se fueron

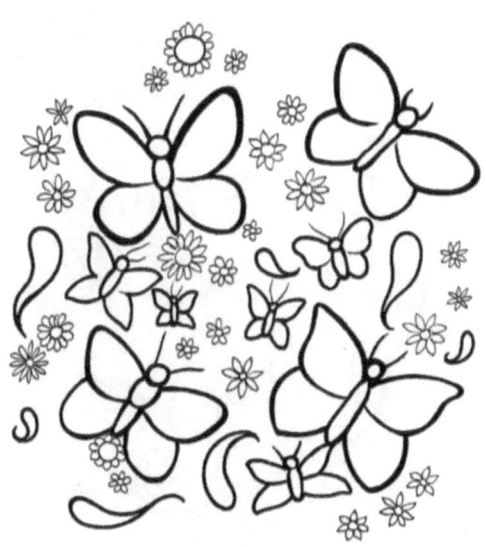

Yárku

Soberbia
El agua infinita
Avanza

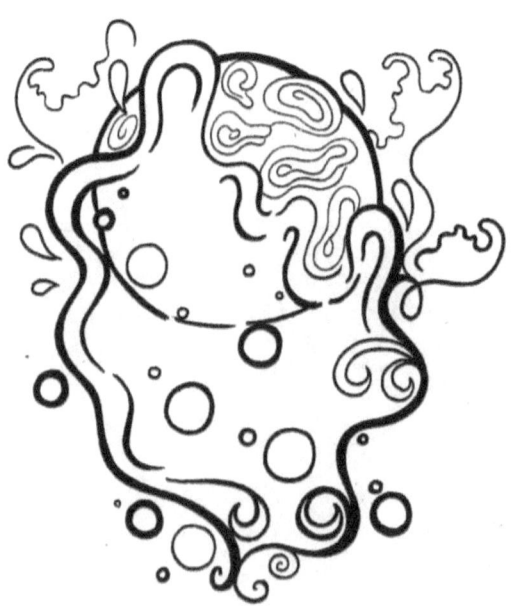

Yaš

Vacías o llenas

Pero siempre herramientas vitales

Del amor o la muerte

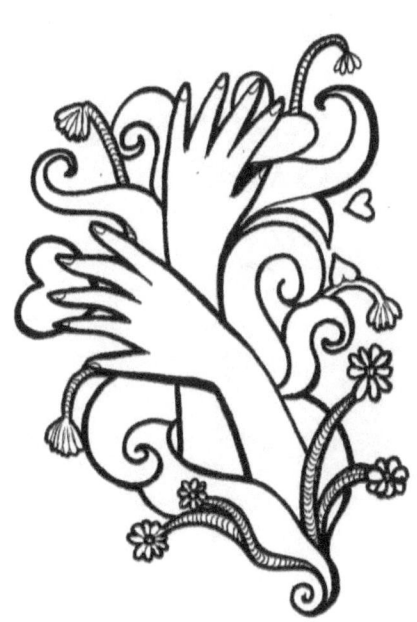

Yašála

De dónde vienes

Amigo forastero y mendigo

A pedirme carne

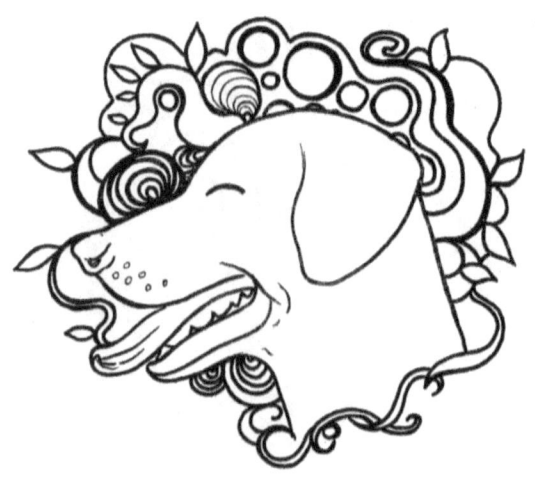

Yekámuš

Por ahí anda
El que sabe leer las estrellas
Y llamar la tormenta

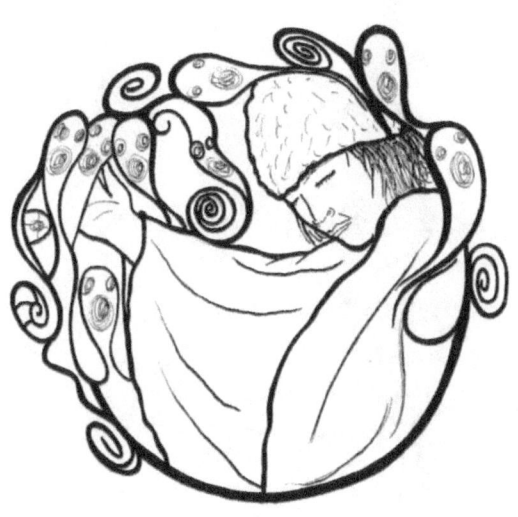

Yéška

Rodeado de mar

Alzada entre las olas y el cielo

Tierra que nos besa

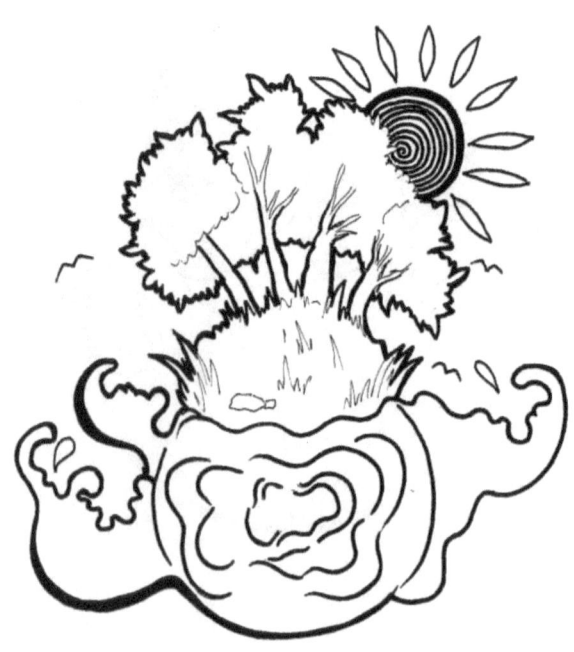

Yexakísi

Renace la vida
Que se quedó dormida de frío
Y salta en color.

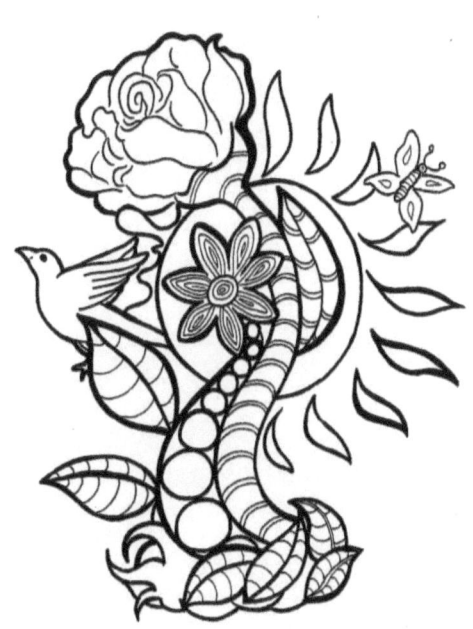

ÍNDICE Y YÁGANKUTA*

*Vogel, O. & Zárraga, C. (2010). *Yágankuta. Pequeño Diccionario Yagán.* Santiago de Chile: Patrimonio Cultural.

9.	Akáinix – arco iris
10.	Akálli – ruca
11.	Akámaka – lago
12.	Ákař – casa
13.	Amáim – fruto
14.	Ánan – canoa
15.	Apáuš – pez
16.	Appárnix – estrellas
17.	Áppi – remo
18.	Aralampiá – verde
19.	Ašáka – canal
20.	Ásu – marea baja
21.	Ašúnna – bosque
22.	Axkíla – escarcha hielo
23.	Čiáxaus – ceremonia de iniciación
24.	Číli – ola
25.	Čilóea – zorro
26.	Háani – viento norte

27. Hainóla – orca

28. Hanislúš – otoño

29. Hannúxa – luna

30. Hax – huevo

31. Háyaf – piedra

32. Hif – aire

33. Híxa – mar

34. Hóxka – nube

35. Húša – viento

36. Ílan – viento sur

37. Ína – invierno

38. Inalumhúša – viento oeste

39. Ítař – viento este

40. Kaióla – niño

41. Kašpíx – espíritu, alma

42. Káuya – pie

43. Kayápaš – pecho

44. Kípa – mujer

45. Kísi – verano

46. Kiuáku – gaviota

47. Kulúana – abuela

48. Kurlampiá – azul

49. Lákax – noche

50. Lăm – sol

51. Lammána – cabeza

52. Lampiá – negro

53. Lăn – lengua

54. Lapatak – leña (cambiar lugar)

55. Lásix – golondrina

56. Líuš – canelo

57. Lušá – rojo

58. Máku – hijo

59. Mákus – hermano

60. Mákuskípa – hermana

61. Máli – raíz

62. Máxima – hija

63. Móala – día

64. Pálaxa – lluvia

65. Pánaxa – nieve

66. Péakan – playa

67. Pušáki – fuego

68. Putrúr – calor

69. Sáapa – sangre

70. Sauyánux – delfín

71. Séskin – corazón

72. Síma – agua

73. Tálla – ojo

74. Tăn – tierra

75. Tapéa – madre

76. Tapóin – padre

77. Táři – frío

78. Tátapux – tordo

79. Táun – ventisquero, glaciar

80. Téeš – granizo

81. Tulára – montaña

82. Tumakáean – anciano

83. Tumakáxipa – anciana

84. Tumalaxtáka – fogata

85. Úa – hombre

86. Uftúku – pluma

Los
poemas de este
libro fueron escritos en
Santiago de Chile el año 2014 y las
ilustraciones fueron dibujadas
en la misma ciudad durante
el año 2017.

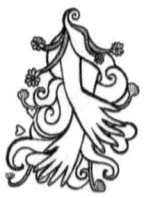

CONSEJOS PARA JÓVENES YÁMANAS*

* Consejos dados a los jóvenes yámanas en las ceremonia de iniciación a vida adulta que fueron registradas personalmente por por Martín Gusinde.

Aquí se te dice:

«Sé aplicado en tus trabajos. Ejecuta rápida y gustosamente tus deberes. Levántate temprano todas las mañanas, pues entonces estarás siempre dispuesto para todas las necesidades.

Muéstrate respetuoso con las personas mayores. Ayuda a los huérfanos. Lleva algo de comer a aquellos enfermos que no se puedan levantar. Y continúa haciéndolo así en lo que te queda de vida.

Si te encuentras en el camino a un hombre ciego acércate a él y no lo dejes seguir caminando sin haberle preguntado si estaba equivocado de camino; no te burles de él. Si tartamudea o está muy torpe, no te sonrías y pienses: «¡Él no me ve!». Cógelo amablemente de la mano y llévalo a su cabaña. Los demás te alabarán al hablar de ti y dirán: -Aquél que está allí es bueno.

Si algo le falta a un viejo dale lo que tengas a mano. Los demás te alabarán por eso.

Atiende mucho a tus parientes y si alguno viene de lejos, acógelo enseguida en tu cabaña. Entrégale lo que necesite. Si sus hijos se arrojan entre sí todas las cosas que se encuentran en el interior de tu cabaña o rompen algo, no te enfades por eso y no los insultes encima. Los padres de esos niños pensarán que tú no has recibido ninguna ofensa y desaprobarán la conducta de sus hijos, siempre puede ocurrir que te causen algún daño. ¡Pero son niños! Si vas enseguida a otra cabaña a decir: -Los niños de mi pariente me han causado un gran desorden en mis cosas y me han roto muchas. Con toda seguridad llegará a oídos de sus padres las frases que han dicho y les desagradará mucho. Con ese motivo nadie entrará gustosamente en tu cabaña.

Puede ser que vayas de visita a una cabaña y un hombre se encuentre enfermo en la cama. Seguramente necesitará alguna cosa y por ello te dirá enseguida: ‑Yo quisiera aquello que está colgado en la pared. Levántate inmediatamente y alcánzale al viejo lo que desea. Él no te quería mandar, por eso te lo ha expresado así (con aquel delicado gesto). Pero este hombre lo referirá por todas partes y dirá de ti: ‑¡Aquél es un hombre bueno! Dondequiera que vayas después, la gente hablará elogiosamente de ti diciendo: ‑Éste es bueno. Te acogerán y atenderán con gusto en sus cabañas.

Si te encuentras a una joven con la que te quieres casar, compórtate intachablemente con ella. No aligeres improcedentemente la boda, sino espera a que sus parientes te la entreguen. Desde que la conozcas sé siempre respetuoso con los padres de tu novia. No te muestres impaciente cuando no acceden de momento a entregarte su hija. No divulgues charlando por el campamento los compromisos matrimoniales que hayas observado.

Cuando te cases, ayuda a tu mujer en todo. Tráele leña y agua. Auxíliale en sus trabajos, pues eres hombre y tienes más fuerza. No te pongas a escuchar lo que hablan los demás hombres y mujeres de ti. Tampoco curiosees acerca de las ocupaciones de los demás. Si lo haces, también curioseará tu mujer. Ese proceder no agrada a los Yámanas y da origen a murmuraciones. Si tu mujer te viene con chismes, no le des importancia. Aconseja a tu mujer: ‑Mantente alejada de las disputas y no insultes nunca. Ya se tranquilizarán los demás cuando tú no intervengas. Entonces todos los hombres te alabarán y también agradarás a todas las mujeres.

Si entras de visita en una cabaña, muéstrate amable y compórtate discretamente. Si vienen muchos visitantes a tu cabaña y tienes poco para obsequiar a todos, atiende primero a los forasteros; lo que sobre dáselo después a tus amigos y parientes. Para estos últimos resulta cómodo volver a tu cabaña y comer amigablemente contigo, pero no para aquellos visitantes forasteros que proceden de lejanas tierras. Obsequia a éstos primero y con esplendidez.

Si en alguna ocasión te encuentras sentado tú sólo con los parientes de tu familia y tu mujer está ausente, no hables mal de ella. No le debes pegar nunca. Un día llegará a oídos de tu suegro que has golpeado a su hija y dirá: -Aquel hombre ha venido a mi cabaña para buscar a mi hija, se la ha llevado a su familia y allí la apalea. Si después vas a visitar a tu suegro, no te admitirá en su cabaña, evitará todo trato contigo y al final se llevará a su hija.

No busques sólo tu conveniencia, sino piensa también en la de los demás. Cuando te has provisto abundantemente no digas: -Los demás no me importan y no necesito preocuparme de ellos. Si has tenido suerte en la caza, deja que otros participen en ella. Enséñales los lugares mejores, donde se encuentran muchos lobos marinos, para que puedan conseguirlos con más comodidad. Cede de vez en cuando a otro tu derecho. En el caso de que quieras almacenar todo para ti, los demás se alejarán de ti y nadie querrá estar a tu lado. Si alguna vez enfermas, nadie te visitará, porque antes no te habías preocupado tú de ellos.

Cuando vayas con algunos a la comarca donde has nacido y quieres instalarles un campamento, colócalos en el sitio más seguro, pues no conocen el lugar. Conténtate con un lugar peor. No pienses: -¿Qué me importa a mí que aquel forastero haya perdido su canoa? Preocúpate de ellos cuando te visiten, pues vuelven de nuevo a su tierra y allí te alabarán al hablar de ti.

Si existe allí, en el lugar de tu nacimiento, un sitio bueno para cazar y tú lo sabes, da ánimo al visitante forastero y dile: -Ve hacia aquel lugar donde enseguida se coge abundante presa. Muéstrale exactamente el lugar para que pueda llevarse consigo gran cantidad de carne para el viaje.

No envidies a nadie. Quien se comporta como un envidioso no es bien visto por los Selk'nam.

Si vas de visita con tu familia a una cabaña y te ofrecen un lugar, quédate en él. Ahora bien, ayuda a los demás en sus trabajos y ponte a trabajar donde haya algo que hacer. Nadie te pedirá tu colaboración. Levanta la vista para que puedas observar pronto dónde puedes comenzar. Quizás falte agua o leña o es probable que haya nieve a la entrada. En ese caso pon manos a la obra sin que te lo pidan. La gente de este tipo son bien vistas en todas partes y son recibidas con muy buena voluntad por todos. No está bien que tú te sientes tranquilamente y hagas trabajar a los demás para ti. En ese caso alguien te pondrá mala cara y te extraviarás, ya que nadie te dirá el motivo. Lo mejor que haces es ayudarles en sus trabajos hasta el día que te vayas.

En el caso que el hombre cuya canoa visitas esté discutiendo con otro, no te entrometas. Quizás ambos te hablen mucho explicándote respectivamente sus razones. Escucha tranquilamente y no te inclines por uno de dos contendientes. Si encuentras después ocasión, habla con él solo, sin testigo de vista, con buena voluntad; entonces te escuchará. Si no se convence con tus palabras, retírate tranquilamente. Aunque seas más fuerte que él, no pelees, no le causes daño ni lo mates, a pesar de ser tu enemigo. Esto originaría a su familia grandes perjuicios y ella sola sería la que lo sentiría. Puede ocurrir que oigas después que aquel enemigo ha matado a tu padre o a tu madre, porque tú fuiste un criminal; esto no te agradará. Apártate de aquel hombre, mantente lejos de tu enemigo, para que no te venza un día la cólera o la ira. Así no se puede originar ningún daño a nadie.

Cuando seas mayor, piensa todas las mañanas en los consejos que te dimos en las ceremonias de iniciación a la pubertad; guárdalos siempre en tu memoria y no los dejes nunca de practicar. Si dejas de practicar hoy una buena costumbre, abandonarás dentro de pocos días una segunda y una tercera, y rápidamente olvidarás todo. Si te mantienes fiel a todo lo que te enseñamos, podrás vivir una vida agradable.

Si te encuentras en un círculo de mucha gente, no hables a uno u otro de tu propia familia, pues esto da origen a disgustos. Hay que ser hábil al hablar y dominarse a sí mismo. Si te enemistas de verdad con alguien, es conveniente que no se note por tus palabras vuestra situación tirante. Los demás escuchan atentamente tus palabras y notan enseguida el tono irritado de las mismas. Por tanto, no hables despreciativamente de otro. Cuando alguno te dirija palabras fuertes y te insulte, no te lances enseguida a la riña o a la pelea; al contrario, retírate y no digas nada a nadie. Después habla a solas con aquel que te insultó, cuando los dos estéis tranquilos.

Ayuda a los pequeños que andan desorientados, aunque no sean de tu familia. Llévalo junto a su madre o a su cabaña. Tú también desearías que ayudaran así a tus hijos, si lo necesitasen. Si te portas indiferentemente con los hijos de los forasteros, tampoco se preocuparán ellos de los tuyos, y si lloran o se lastiman o caen al suelo, nadie correrá a auxiliarlos. Acoge a los hijos de los demás, pues los niños no han molestado a nadie. Si tienes que tratar a los hijos de tu enemigo, sigue entre ellos, pues éstos no están reñidos contigo y no te han causado ningún daño. Puede ocurrir que hayas causado algún mal a tu enemigo y éste te persiga por ello; pero si ve como tratas a sus hijos, puede muy bien ocurrir que te perdone. Vendrá hacia ti y te dirá: -Te perdono por haber tratado tan bien a mis hijos.

Por último, es conveniente ayudar, sin distinción alguna, a todos los niños y demostrarles afecto. Nosotros los Yámanas apreciamos muchísimo cuando alguien acoge amablemente a nuestros hijos.

Si entras en una cabaña, siéntate decentemente con las piernas cruzadas. Mira a todos los presentes con amabilidad. No te dediques sólo a una persona y no vuelvas a nadie la espalda. Si te dedicas sólo a una persona, se molestan las demás. Sobre todo, no vayas a visitar con mucha frecuencia.

No charles enseguida en tu cabaña de lo que acabas de oír en algún sitio. Las cosas importantes debes comunicarlas, pero no las habladurías sin sentido. Se exageran con mucha facilidad. Después procurará saber la gente quien ha sido el charlatán y entonces todos te harán el culpable. Sobre todo, uno de tus enemigos puede exagerar y falsear tus palabras, cuando te quiera desacreditar.

Si entablas una discusión con alguien y la razón está de tu parte y el otro no quiere ceder, entonces lo mejor que haces es callarte, pues pueden surgir riñas y disputas. Tu contrincante verá un día que estaba equivocado. No te mezcles nunca en chismes y habladurías tontas. No seas tan confiado que descubras tus secretos. Un día puede charlarse por todos los que en confianza habías dicho a uno sólo, y de esa forma pierdes la posibilidad de muchos amigos. Sé amable con todos, pero parco siempre en tus palabras.

Emprende contento tu trabajo todas las mañanas, pues en caso contrario caerías bajo los dominios de Yetaita (un espíritu terrestre muy temido). Guárdate de una muerte segura, pues todo hombre perezoso es víctima de Yetaita. Por tanto, levántate temprano por las mañanas, antes de que salga el sol.

Si por odio o por un impulso violento y sin pensarlo has dado muerte a un hombre, no huyas ni te escondas, sino preséntate valientemente a los parientes de tu víctima. Muéstrate lo suficientemente fuerte para que puedas soportar personalmente todas las consecuencias de tu hecho y no cedas parte de dichas consecuencias a tus familiares. Tú sólo eres el culpable de todo, por tanto tú sólo tienes que arreglar todo de nuevo. El que sale corriendo después de cometido un crimen, no puede estar tranquilo; hasta en su propia cabaña se siente mal.

No debes hurtar nada a nadie, y mucho menos a los enfermos e impedidos. Si te falta algo, pídeselo a tu vecino. Pero no tienes derecho a quitar nada. Se notará muy pronto la cosa robada en tus manos; y así todos comprenderán que tú la has robado. En el caso de que encuentres algo, no te digas a ti mismo: «Esto me pertenece», pues enseguida aparecerá su verdadero dueño. Si él ve el objeto perdido en tus manos, se lo indicará a otros y les dirá: -Aquél que está allí es un ladrón. Es posible que el dueño de la cosa haga venir a todos sus amigos para que destruyan todas tus cosas y rompan a martillazos tu canoa y al fin te quedas sin nada, precisamente por tu robo. Ningún Yámana puede soportar a un ladrón.

Procura no olvidar nunca estos consejos. Mantente siempre fiel a ellos; así te irá muy bien. La gente estará contenta contigo y dirán de ti: -Es hombre bueno.

Si se sientan muchos hombres en una cabaña y hablan tan excitadamente que parece va a estallar una bronca entre ellos, estate callado para que eso no ocurra. Cuando se hayan alejado los demás, procura reconciliarte con tu enemigo, pues debe honrarse al visitante y atenderlo para que vuelva gustosamente otra vez. Donde el visitante no ha sido bien tratado, se retira rápidamente de allí y se dice a sí mismo: -En aquella cabaña no me gusta estar; allí se llega enseguida a las manos.

Si le has hecho algún regalo a alguien, no debes esperar que te responda inmediatamente con otro. Lo que has regalado, lo has dado voluntariamente. No digas después: -A aquél le he dado una cosa de regalo, pero él no me ha ofrecido nada a cambio. Si te comportas de esa forma, nadie aceptará un regalo de tu parte, sino que todos pensarán: -Aquél sólo regala para que se le corresponda con otro. Si ofreces algo, hazlo en trozos; no hables nunca sobre ello y no esperes nada en compensación.

Piensa que los demás también tienen un corazón con sentimientos humanos y sienten igualmente el dolor. No olvides nunca que a nadie le agrada que hables mal de él.

Si llevas un trozo de carne desde tu cabaña a otra, la gente que haya allí te invitarán a comer con ellos. Pero no te comas la mayor parte. Tú has ido allí con la carne y tenías el estómago lleno, pero quizás aquella gente se encuentre hambrienta. Por eso déjalas que se harten con todo lo que les has llevado.

Una vez más te recomiendo: ¡No olvides nunca estos consejos! ¡Todas las mañanas, cuando te levantes, acuérdate de ellos y acomoda tu conducta del día a los mismos!».

Martín Gusinde (1951)
Los Fueguinos. Cap. XII
Biblioteca Virtual Cervantes

NOTAS PERSONALES

DIBUJOS PROPIOS